Minutos de silêncio

Dados Internacionais de Catalogação na Publicação (CIP)
(Câmara Brasileira do Livro, SP, Brasil)

Fernández Moratiel, José
 Minutos de silêncio / José Fernández Moratiel; tradução de Igor Miranda Olszowski. – Petrópolis, RJ : Vozes, 2016.

Título original: Minutos de silencio

6ª reimpressão, 2023.

ISBN 978-85-326-5160-0

1. Silêncio – Aspectos religiosos – Cristianismo I. Título.

15-09427 CDD-248.47

Índices para catálogo sistemático:
1. Silêncio : Desenvolvimento espiritual : Vida Cristã : Cristianismo   248.47

JOSÉ FERNÁNDEZ MORATIEL

Minutos de silêncio

Tradução:
Igor Miranda Olszowski

Petrópolis

© P. José Fernández Moratiel

Tradução do original em espanhol intitulado *Minutos de silencio*

Direitos de publicação em língua portuguesa – Brasil:
2016, Editora Vozes Ltda.
Rua Frei Luís, 100
25689-900 Petrópolis, RJ
www.vozes.com.br
Brasil

Todos os direitos reservados. Nenhuma parte desta obra poderá ser reproduzida ou transmitida por qualquer forma e/ou quaisquer meios (eletrônico ou mecânico, incluindo fotocópia e gravação) ou arquivada em qualquer sistema ou banco de dados sem permissão escrita da editora.

CONSELHO EDITORIAL

Diretor
Volney J. Berkenbrock

Editores
Aline dos Santos Carneiro
Edrian Josué Pasini
Marilac Loraine Oleniki
Welder Lancieri Marchini

Conselheiros
Elói Dionísio Piva
Francisco Morás
Gilberto Gonçalves Garcia
Ludovico Garmus
Teobaldo Heidemann

Secretário executivo
Leonardo A.R.T. dos Santos

Revisão da tradução: Gentil Avelino Titton
Editoração: Gleisse Dias dos Reis Chies
Diagramação: Sheilandre Desenv. Gráfico
Capa: Sandra Bretz

ISBN 978-85-326-5160-0 (Brasil)
ISBN 978-84-285-4173-2 (Espanha)

Este livro foi composto e impresso pela Editora Vozes Ltda.

Nota do editor espanhol

Temos o prazer de colocar à disposição dos nossos leitores um livro que, embora pequeno em tamanho, é admirável por seu valor e mensagem. Um livro sempre oportuno. Um livro cheio de vida. Um livro válido para qualquer tipo de leitor. Um livro que não se recomenda lê-lo de uma só vez, pois cada frase precisa ser lida e aprofundada em pequenas doses, em pequenos momentos de silêncio.

Pois, parafraseando o autor, "[...] o que o silêncio disser, nada nem ninguém pode dizer. O silêncio exibe o que às vezes as palavras ocultam".

Neste livro, *Minutos de silêncio*, quisemos oferecer uma cuidadosa seleção de textos de um dos grandes mestres do silêncio, José Fernández Moratiel. [...]

Era fundamental resgatar a riqueza de um homem que viveu e ensinou, até onde lhe foi possível, o grande valor do silêncio. Sabendo que *o silêncio não se escreve, mas se vive*, colocamos este legado em suas mãos.

Apresentação

Muitas vezes fui questionado sobre como o silêncio apareceu na minha vida; sobre o porquê da minha decisão de viver esta aventura. A resposta, por acaso, é bastante simples. Por fraqueza, por necessidade. Como se fosse o meu ponto fraco. Não há nada de extraordinário nem de espantoso em tudo isto. É como uma ferida que não tem cura.

Fragmento extraído da apresentação feita pelo autor para o

livro *Conversaciones desde el silencio*. Madri: San Pablo, 1994.

1

O silêncio é uma grande rebelião contra a nossa própria desordem. É uma rebelião contra o mundo interior. Fala-se de rebeldia porque acreditamos que possa ser possível. É uma esperança.

2

𝒪 silêncio pode romper as barreiras que nos separam da vida. O silêncio não é prisão. É respirar livremente.

3

Quando se mergulha no silêncio, às vezes a primeira coisa que acontece é vermos desfilar ininterruptamente todas as inquietações de nossas angústias. Nossas complexidades, agressões, brigas, erros... Mas não há problema, pois ali estamos a salvo, puros e sem contaminação.

4

Minha própria verdade deverá ser recuperada no meu interior. Estará esperando por mim no meu coração. Não há nada que assuste. Tudo é um caminho que se irá abrindo para chegar ao nosso coração. É necessário não voltar atrás no silêncio porque é preciso chegar ao final.

5

No terreno neutro do silêncio se está bem, e nenhum obstáculo pode me deter. Porque, na realidade, tenho que chegar a Deus e aos meus próprios e autênticos compromissos com a vida. Tudo isso é alcançado se eu arar o meu próprio coração sem olhar para trás, sem parar, sem me deter.

6

Tudo que se vive no corpo se vive na consciência. Nossa argila é feita para ser preenchida com vida, para enchê-la de Deus.

7

Nosso corpo é o nosso lar. Tudo se reflete nele. Assim, na meditação é necessário dar atenção ao corpo buscando uma postura exata. Buscando o próprio equilíbrio.

8

Respirar. Você é como respira. A atenção à respiração é a atenção ao gesto de Deus que nos dá sua vida. Basta respirar para apreciar este dom.

9

O homem é uma casa habitada por Deus. Às vezes não sabemos disso e não queremos entrar nesta casa, porque incorporar-se a espaços vazios causa temor. Por isso nos colocamos freneticamente em ação; por isso o movimento exterior exerce tamanho e tão poderoso atrativo. O vazio pode assustar, angustiar. Mas somente quando você deixa tudo e entra em casa é que você se dá conta de que há alguém nela à sua espera.

10

O silêncio é também para os outros. Não é para mim apenas, mas também para ser compartilhado. Não é um gesto de egoísmo. Meu coração é para Deus e para os outros. A casa é construída pelos que vivem nela. Minha casa quem a faz é Deus e os que habitam comigo.

11

Tudo procura retornar à sua origem. Incorporar-se ao seu princípio. Nós somos como a água. Ela sobe para as nuvens. No topo da serra reluz como neve, mas depois derrete para buscar sua origem, sua fonte, seu manancial... Nós vamos para casa. O silêncio nos conduz ao nosso lar.

12

Lembre-se daquele namorado que gritava: "Amada, onde estás? Procuro-te por todos os lugares. Dize-me: Se és um monte, me transformarei em lebre para correr à tua procura. Se és uma árvore, me transformarei em pássaro para te alcançar. E se estás no mar, serei um peixe para te encontrar..." E a amada responde: "Não corras, não voes, não nades... Estou contigo. Em teu coração". Tudo é muito fácil. O silêncio nos fala disso.

13

O artesão trabalha com esmero. Sua característica é que faz seu trabalho com as mãos. E as mãos têm uma linguagem de amor, de ternura e também de energia, de força... Em cada obra Deus põe suas mãos. Pôr as mãos é colocar afeto, amor, atenção.

14

A obra industrializada é funcional. A artesanal está repleta de detalhes, de enfeites. Há inspiração em cada trabalho. Há atenção e silêncio.

15

A cultura de hoje só tem apreço pelo baixo custo, pela rapidez e pela produtividade. O artesão vive na atenção. Seu ser é sua criatividade. Assim, o silêncio é uma tarefa artesanal. Cada um aprende a estar onde está. Ele pede de nós toda atenção. É um tipo de entrega e oferenda à Presença.

16

O centro não se vê, mas tudo gira graças a ele. Quem sabe Deus nos deu um centro! O importante é descobrir o meu centro de gravidade. Santo Agostinho dizia que o seu centro, o seu peso, é o amor. O amor pode ser um bom centro de gravidade, e o silêncio nos pode levar a encontrar nosso eixo.

17

Às vezes, o centro da vida de uma pessoa pode ser o trabalho. Há uma dependência exagerada do trabalho no momento atual. Quando há dependência, não existe liberdade, e este valor só floresce no centro do ser.

18

Ser homem é viver em rebeldia. Ser livre é não seguir a correnteza. O dissidente resulta castigado. Descansar em meu eixo implica pagar o preço da solidão. Mas é preferível. Ser livre é um direito e um dever. Não devemos ceder em tudo. A vida é um mistério que abriga o silêncio e a liberdade.

19

O silêncio chega quando as minhas energias entram em repouso. Acolhe-nos quando nosso ego entra em paz e sossego. Quando o movimento da minha vida não sabe entrar em repouso, não sei viver.

20

Esquecemo-nos que para ser homem não é necessário chegar a nenhum lugar. Deve-se retroceder na maneira de viver, porque a vida nunca é o que se alcança. Não é o que se tem. A vida é o que se é.

21

O silêncio não existe se houver movimento na nossa periferia. Eu não sou livre se o ego está presente. Minha verdadeira história será a do meu coração, a do meu silêncio.

22

Passamos três quartos da vida lutando para conseguir algo. No silêncio, permitamo-nos não procurar nada. A aquisição conduz à violência. É uma doença isso de adquirir. Talvez tenhamos que vivê-la até esgotá-la para poder entrar no silêncio.

23

O silêncio deve ser feito com gratuidade. Faça as coisas por nada. É a alegria do renascer. Chama-se nada ao Inominável. Sempre que se nomeia o inefável, ele se deteriora e se apequena.

24

Atingir o silêncio é esvaziar-se para poder receber. Assim, a respiração nos ajuda a encontrar o segredo. Primeiro se alivia o pulmão. Somente ao esvaziar-nos de ar podemos receber o sopro com mais força. Deus me torna vazio para eu poder receber seu sopro.

25

O silêncio é um encontro, e todo encontro ocorre e é celebrado sempre a partir do vazio. Somente nos damos as mãos, ou nos abraçamos, quando as trazemos vazias.

26

Não podemos alcançar o silêncio a partir dos nossos conceitos. Um encontro só espera o vazio. Nada para receber. O silêncio é acolhedor e, por isso, deve estar livre de qualquer pensamento e pretensão.

27

É impossível definir a oração. Se o fizermos, podemos colocar-lhe limites. Na oração o ator principal é Deus. Não há nenhuma descrição válida. Na montanha não se veem todas as encostas. Assim acontece com a oração. O silêncio é um lugar de oração.

28

Não podemos entender-nos no ruído. O silêncio é um caminho para a nossa relação com Deus. Por isso, o silêncio deveria ser um direito fundamental do homem.

29

O indivíduo não faz nada e o silêncio vai equilibrando as coisas. Tudo vai se encaixando. O silêncio nos restaura. O silêncio contém ainda muito mais. É preciso descobrir as muitas dimensões do silêncio. Por esta razão, Jesus faz a oração do silêncio.

30

É preciso conhecer muito bem os nossos silêncios negativos para transcendê-los, superá-los e, pouco a pouco, acalmá-los. Estes silêncios são ruídos espantosos que não nos permitem o encontro com Deus na oração.

31

Um dos silêncios negativos é o *silêncio de angústia*. A palavra angústia vem da palavra latina *angustus*, que significa estreito, apertado, sufocante... Quando a ansiedade se instala na pessoa e apresenta-se no cotidiano, deixa-a sem palavras. É um silêncio, mas oriundo do medo. Não há nenhuma proximidade. Existe uma incomunicação. Completamente o contrário do silêncio autêntico.

32

Há o silêncio negativo de culpa, no qual eu não falo porque "vão pensar que..." Não falo porque "vão me culpar".

33

Há o silêncio negativo de fraqueza: "Dizer o quê?!" Prefiro ficar em silêncio. É um silêncio negativo, porque é o silêncio da impotência.

34

Há o silêncio *negativo da indiferença*. Nada me importa. É um silêncio do bocejo, da apatia... Mantenho silêncio porque quero ficar longe de tudo. Não me interesso por nada, não me importo absolutamente com nada.

35

Há o *silêncio negativo do mau humor*. Às vezes um dissabor nos deixa sérios e nós permanecemos em silêncio. Estou aborrecido e, com o meu silêncio, estou censurando você. Estou com raiva e me calo. Mantenho distância e não desejo dialogar.

36

Há o silêncio negativo do medo. O medo nos petrifica quando se instala na vida. "Em boca fechada não entra mosquito"; "É melhor não falar, para não haver represálias." Também nos afastamos do conflito, da denúncia...

37

Há o silêncio negativo da inveja. Quando temos inveja, ficamos sem palavras e não sabemos reconhecer nada do outro. Não se faz um elogio nem se fala bem de ninguém. Não há mostras de admiração. Não há apoio. Não há comentários positivos de estímulo. É um silêncio doentio e muito perigoso. Se acreditássemos que somos únicos, não nos compararíamos com ninguém. Não haveria inveja alguma.

38

Há o *silêncio negativo do orgulho*. Este silêncio, às vezes, se reflete no corpo. O orgulho, quando o temos, sempre separa.

39

Há o *silêncio negativo do rancor*. O mau humor pode ir se cristalizando na pessoa que o sofre e é então que este silêncio faz a sua aparição. Ele se instala, se calcifica. É um cisto difícil de extrair. É um silêncio perigoso até mesmo para a saúde e é preciso muito tempo para ele se diluir.

40

Há o *silêncio negativo do ódio*. Este é mortal. São João diz que aquele que não ama seu irmão é um assassino. Quando não se fala com alguém, há um fundo de morte. Estou negando a pessoa. Falar tem que ser para que o outro tome consciência. É um ato de amor, de respeito, de consideração.

Há também alguns silêncios positivos como o *silêncio positivo de humildade*. É o silêncio de respeito. Ouvimos em silêncio o que nos propõem. Acolhemos a pessoa com nosso interesse. Oferecer a cada um o gesto do nosso silêncio para que a escuta aconteça a partir da intimidade.

42

Há o *silêncio positivo de admiração*. É um silêncio de grande qualidade. Algo dessa pessoa atrai o nosso olhar e desperta este silêncio, que tanto benefício traz.

43

Há o silêncio positivo de espanto. Os espantos são maravilhosos. Deixam-me sem palavras. É necessário que este silêncio se produza; mas, para isso, é preciso o "não saber". Com um esvaziamento de todo conhecimento. Sem referências. Como um menino pequeno diante da novidade e do desconhecido.

44

Há o silêncio positivo de alegria. Quando se atinge o ápice da alegria, o coração se enche até transbordar e a palavra é supérflua. É o silêncio da felicidade.

45

Há o silêncio positivo do amor. É o silêncio da comunhão. Quando olhamos para uma pessoa com amor, já não é preciso pronunciar palavras. Porque, quando há amor, basta estar ali. A presença enche tudo. Enche tudo até transbordar.

46

Deus recorreu a um gesto (Jesus) para nos dar a conhecer todo o seu amor, toda a sua verdade. Porque a palavra não é capaz de expressar o mais profundo. Portanto, é necessário recorrer ao gesto. Este, por mais simples que seja, vale mais do que todas as palavras.

47

Nós nos sentimos abalados perante o vazio. O homem busca a saturação porque o vazio lhe dá medo. Mas acontece que o vazio é a plenitude de Deus. E que o vazio também é a plenitude que preenche. Deve-se esvaziar tudo aquilo que está saturado. O vazio para servir. Somente no vazio é que se recebe. Um dos milagres do silêncio é que nos deixa vazios. Sem coisas, sem objetos... Habilita-me a receber a plenitude do que não tem nome. O vazio possui o encanto do cosmos. É ficar sem nada para acolher a outra Presença, que pode preencher a vida.

48

A vida é inesgotável para nós. Não tem preço. Ninguém mereceu a vida, ela nos foi concedida gratuitamente. Como o silêncio. A nós ele é ofertado como um dom e, como tal, não há agradecimento suficiente. Tudo o que é importante nos é oferecido em troca de nada.

49

Tagore escreve que a flor pergunta ao fruto: "Onde você está?" E ele responde: "Dentro de você". Onde está Deus? Dentro de você. Por isso o silêncio é presença. É plenitude. Toda a vida está dentro de nós. Tudo nos foi dado. É nosso dever encontrá-lo dentro de nós.

50

Se resistirmos, a vida não nos força. Ela nos respeita. Quer que tudo o que fazemos venha do interior. A influência de Deus emana a partir do interior.

51

Para enxergar as coisas a partir do interior é preciso fechar, a partir do exterior, os olhos com que medimos, julgamos, ponderamos, comparamos... O silêncio faz com que nos seja revelado todo o mistério do nosso ser. É para sermos nós mesmos. Não é uma evasão de si.

52

O homem pode estar preso e possuído por suas rotinas, seus costumes, suas culturas, suas traições... No silêncio, pode-se esperar a visita de Deus que chega para libertar. O silêncio é nossa grande libertação. A vida é libertadora quando vivida em plenitude. A vida está desejando nos libertar de tantas prisões. Abrir-se ao silêncio é deixar-se libertar.

53

A vida a partir do silêncio vai iluminando pouco a pouco, em cada momento. Vai dizer-nos o que se deve fazer e viver a cada instante. Lança luz sobre cada um de nossos passos.

54

O silêncio é a nossa lâmpada de cada dia, que nos leva pelo caminho sem medo e sem tropeços. É luz para o nosso caminhar.

55

Nós não somos convidados a "nos maquiar", não somos exterioridade. Somos coração, interioridade. Não dissimule na vida. Deus vê a verdade de você. O silêncio nos deixa a salvo deste mundo de máscaras que se deixa enfeitiçar pelo superficial.

56

O silêncio é o nosso descanso. Vamos a ele sem dissimulações nem enganos. Nele nos mostramos como somos e isto é um grande descanso. É estar em casa sem ter que aparentar o que não somos. O silêncio é a arte de viver sem aparências.

57

Podemos ser excluídos de muitos círculos, mas a vida sempre será nossa aliada e, ao mesmo tempo, nos torna solidários com todos e aprendemos a não excluir nada nem ninguém. O silêncio nos leva a estar conosco mesmos. Quem está consigo mesmo não pode sentir-se excluído e não exclui ninguém de seu caminho.

58

A Palavra emerge do silêncio. Não se trata de fazer silêncio por um tempo. Seja Silêncio! A Palavra é acalentada no silêncio. Este se torna fértil. Para além do silêncio há um mundo de amor que nos é revelado.

59

É preciso afastar-se sempre que se queira ver a montanha. Para ver o quadro, é preciso sair dele. O cego é cego de outros olhos. Jesus aponta a cegueira interna. Refere-se a outro modo de ver. Podemos sair de nossa própria cegueira fazendo contato com o mar, o amanhecer, o rio, uma árvore, o pôr do sol, a água... É isto o que Jesus faz com o cego. Leva-o para outro caminho a fim de ordenar o interior. É prestar atenção ao que experimentamos em nossa interioridade. Quando há silêncio é possível escutar chamados reais e ver as coisas e as pessoas como elas são.

60

Viver é despedir-se sempre das coisas. Não é possível dirigir-se à luz e continuar na aldeia do ruído, da ânsia, da multidão... O silêncio é pura despedida. As mãos, no silêncio, devem acenar dizendo adeus a tantas coisas... Não se pode encontrar a vida sem dizer adeus à nossa vida. Eterno adeus. A vida é pura mudança.

61

É importante cuidar do veículo do nosso coração: o corpo. Por isso, no silêncio ouvimos seu conselho e ele faz contato conosco, colocando sua voz em nosso interior. O corpo nos instrui. "Esta maneira de ser não é boa? Mude." O melhor médico é você mesmo.

62

Calderón diz que o mundo é como um teatro. É terrível viver fazendo teatro. É negar a realidade própria para substituí-la por outra. No silêncio não se pode fazer teatro. Estamos no lar quando fazemos silêncio. Aquele que ali está é você mesmo.

63

Como podem ser fundidos, por exemplo, dois corpos, sem que sejam fundidos os corações? É necessário descobrir, antes de tudo, o fascinante mundo dos sentidos para depois poder apreciá-los. Por isso, o silêncio recupera toda a arte de ouvir, de dar, de sentir...

64

    O fato de entrar em silêncio já é sintoma de vitalidade. Não se vive o silêncio em horas de declínio. É preciso estar muito lúcido para vivê-lo. São horas carregadas de dinamismo e de vida.

65

O silêncio é o retorno. Somente incorporando-nos em nossa consciência, poderemos encontrar a vida. Por isso é importante estar atento à profundidade ou verticalidade. É no fundo do meu coração que estou em comunhão com todos, é ali que posso me relacionar e me aproximar de outros. Ali desaparece a angústia, o sufoco e a asfixia.

66

No Apocalipse de São João, as portas da Jerusalém celeste são de pérolas e transparentes. A cidade não recebe luz nem do sol nem da lua porque dentro tudo é silêncio; vive-se na confiança de que dentro há luz. O segredo está na Presença, na luz que reside dentro e se vê.

67

Às vezes, o silêncio é só purificação. Há momentos nos quais é preciso se purificar, mas sempre existe a garantia de que dentro existe vida. É imprescindível a limpeza se quisermos ter uma cidade transparente como a descrita no Apocalipse.

68

Quando há intoxicação, necessito de uma drenagem. Drenar um corpo não é tarefa de um só dia. É necessário largar tudo para recuperar a saúde. Minhas impurezas, posso deixá-las em meu silêncio. Tenho que recuperar a vida mesmo que as horas de silêncio sejam duras. Mas é bom alcançar a raiz. Tudo deve sair no caminho do silêncio. Ficar em carne viva dói. A dor purifica. A drenagem limpa.

69

O outono se parece conosco. É arrasador. Não perdoa nada. Tudo cai. Ingressa em um período de morte, mas é uma boa estação. A árvore se deixa ver. Não é um tempo de morte, mas de vida. Ingressa no inverno e este, depois, estende-se até a primavera. Há gestação, fermentação. O silêncio pode ser um outono em que tudo cai. São horas de vida também porque, quando me purifico, minha saúde se recupera e eu me sinto diferente.

70

Todos os porquês são desencadeados, gritam, se rebelam quando estamos fora do coração, na superfície. Não precisamos nos mover em direção a nada, pois tudo que é importante é fermentado lá dentro. No meu coração não há porquê. Dentro está a luz e a tristeza está ausente. O silêncio é para retornar ao paraíso.

71

O silêncio é para se encontrar com a própria verdade. Na vida, pouco a pouco, foi se trocando a sabedoria por dogmas e agora dizemos: "Estou de acordo". Mas não se trata de estar, e sim de sentir.

72

Quando temos um gesso numa perna e o tiramos, no início dói. Devemos recuperar o músculo com exercício. Se você não vencer a resistência, a perna não se recupera. Ninguém vai nos ajudar a desenvolver a capacidade de fazer silêncio.

73

A tarefa do silêncio é um exercício para o amor. Este é o nosso prazer: amar. Se espero que me amem... A recompensa do amor é a felicidade. Tudo isso é uma obra do interior, porque a verdade é a nossa vida, o reino, a semente... e está dentro de nós.

74

Só o silêncio devolve a você a consciência, observando a vida sem se tornar cúmplice dela. Sem ganchos. Os manuais são supérfluos. Bastam olhos para ver e atenção para perceber. Perceber já é alegria.

75

O silêncio é precisamente uma revolta contra o estabelecido. Traz consigo o romper com muitas coisas. Parece que não faz nada, mas exige romper com um modo de viver, com uma cultura, com um costume... É o mais real, o silêncio. É para viver o que há neste instante.

76

Rompe-se o silêncio quando se qualifica o que há nele. Aprender a vivê-lo já é suficiente. Aprender a ver as coisas tal como são. Vivendo assim, pode-se conhecer as coisas.

77

𝒪 silêncio é também como um romance de amor com o agora. Sem fugir nem nos separar de ninguém. Não devemos escapar de nada. Viver o dia é como um autêntico romance.

78

Uma rebelião não é o mesmo que uma revolução. O silêncio deve ser vivido em estado de rebelião e não de revolução. Esta última tem ressonância social, porque afeta uma mudança das estruturas e sistemas sociais.

79

O silêncio não é um sistema social, é uma atividade individual. Mostra-se em desacordo com a pessoa. Devemos acolhê-lo com uma vontade receptiva e aberta.

80

Ser homem de fé e estar fechado é uma contradição. A fé nos conduz à confiança. É acolher o mais estranho, o mais desconhecido. Portanto, é preciso se entregar ao silêncio, porque não sabemos o que vamos encontrar nele ou dele receber. É um espaço para se encontrar com o desconhecido.

81

Esperar ser apenas um puro olhar é simplesmente: ser olhos, ser ouvidos... O silêncio é isto. Ver uma flor, olhar uma flor e dizer: "É flor" me separa da flor. O silêncio é vê-la sem mencioná-la.

82

*T*udo aparece diante de nós para que o vivamos, mas não para que o retenhamos. Receber o desconhecido é aprender a viver o silêncio com esta capacidade, com esta disponibilidade. É viver existencialmente.

83

No Livro dos Juízes podemos ler: "Vai com a força que há dentro de você". Seria uma boa mensagem para ir em silêncio. Livres, com autonomia. Sem orgulho nem vaidade. Carregando somente a força de Deus, que é nossa energia e nosso descanso.

84

Quando alguém está imerso no silêncio, ele compreende que não é apenas para um momento. Não se trata de fazer silêncio, mas de ser silêncio. Não se trata de fazer amor, mas de amar. Seja silêncio sempre e esta maneira de viver se notará em tudo.

85

*N*ossas relações mudarão porque o silêncio não interfere no crescimento de ninguém e, como a rosa, tem sua própria cor. Assim veremos as pessoas.

86

Todo ser humano precisa ser ele mesmo. O silêncio não manipula ninguém e, respeitosamente, envolve tudo. É bom que os outros precisem ser eles mesmos.

87

O silêncio é criativo. A passagem do conhecido para o desconhecido deve ocorrer em silêncio. A importância desta sociedade é que ela seja consumista, e este traço a define atualmente. E o realmente importante é que ela seja criativa. É maior esta felicidade. Se me amarro ao conhecido, me empobreço.

88

 silêncio dá à vida um sentido de alegria, de humor... de certa brincadeira. É uma disposição enorme para a festa. Vive-se somente sob a influência de produzir, de trabalhar, de ganhar... e isso cansa. Deus nunca se cansa. Tem uma grande dose de humor. O que nos oprime e esgota é o desejo de conquista, de conseguir algo. A nossa ambição é o nosso cansaço e nossa perdição.

89

O silêncio não é popular porque há sérias dificuldades para exercê-lo. A sociedade não nos permite sermos nós mesmos. É tirânica. Quer que andemos todos no mesmo passo. Que sejamos rebanho.

90

𝒪 silêncio exige que nos afastemos para sermos nós mesmos. É custoso fazê-lo, porque não vamos encontrar respaldos nem apoios. Atrever-nos a ser nós mesmos tem um preço alto, e a travessia nos leva a uma solidão com a qual não estamos acostumados. Mas é bom começar a caminhar consigo mesmo.

A união de tudo o que eu sou é alcançada na solidão do silêncio. Preciso unificar tudo em mim para me encontrar com o outro. Para chegar ao outro é necessário viver essa união. Na maioria das vezes não se unem dois silêncios: casam-se duas divisões. Só dois silêncios se abraçam. Só duas liberdades podem se encontrar. Só dois vazios podem se preencher.

92

O silêncio é uma solidão em comunhão e nos torna solidários com todos. Mas é imprescindível aprender a estar consigo mesmo.

93

O silêncio nos brinda a possibilidade de fazer contato conosco mesmos. Ajuda a nos conhecermos sem racionalizar. Conhece-se o que se sente. Muitas vezes vive-se para ser prisioneiro de anseios, desejos, agitações. E geramos irritação e atitudes defensivas. Vivemos para estar na defensiva, e o coração se asfixia.

94

Quando compreendo ou intuo que não posso viver dando as costas a mim mesmo, então me aproximo do silêncio. Chama-me o mundo que está dentro do mundo que está dentro de mim. Já não posso mais viver à mercê de outras aspirações.

95

O silêncio é a ocasião de encontrar-nos com a verdade daquilo que somos. É tocar o terreno do nosso coração.

96

Para ver deve-se ir até a luz. Em pleno sol a pino não há sombras. Em pleno silêncio, a sombra desaparece. Só então poderemos buscar a verdade no interior.

97

O silêncio é algo sem precedentes. Não se pode defini-lo. Também não se pode forçá-lo; por isso é necessária a paciência para sua prática. Não há nada a adiantar nele. Como é desconhecido para nós, é um espaço para a surpresa, para a revelação.

98

*I*ngressar no silêncio é dar um passo em direção ao essencial de nossa vida. No silêncio, a única preocupação é estar atento, simplesmente.

99

Um instante pode bastar para ver. Da mesma maneira que uma gota de água contém todo o sabor do oceano, assim pode ocorrer no silêncio. Vivê-lo cem por cento é estar atento.

100

A atenção que o silêncio requer pode nos tornar a experiência custosa. O silêncio não promete nada e, além disso, não há nenhuma rota ou mapa para percorrê-lo. É virgem. Não requer cerimônia, nem ritual.

A acumulação de informação é um estorvo, e precisamos ousar despojar-nos de muitas coisas que fomos fabricando. O silêncio é fruto de um despojamento completo.

102

A viagem do silêncio pode estar cheia de incentivos e ser uma boa experiência quando se penetra no mundo inédito e virgem do coração.

103

As coisas que imaginamos ou esperamos interferem com o que a realidade nos dá. Não esperar nada. Aceitar tudo. Não julgar com a mente, sem mais. Então, o silêncio poderá responder ao nosso desconhecimento que causa tanta dor.

104

O silêncio é para tornar Deus presente. É ter a experiência do eterno em nossa vida. Quando algo está presente não precisamos imaginá-lo. Estamos acostumados a pensar e imaginar. Temos que sentir e não pensar.

105

𝒪 silêncio pode fazer com que Deus se faça presente. Sem intermediários. Sem precisar de um encontro cheio de experiência.

106

Na vida desfrutamos com a comunicação, com o encontro, com o diálogo. O silêncio deve fazer parte desta relação. Primeiro se fala, mas em seguida o silêncio é primordial. A respeito de Deus ocorre o mesmo. No início, sente-se a necessidade de dizer algo porque, senão, parece que não se reza. Mas depois... é preciso ficar em silêncio, porque Deus tem algo a dizer.

107

O silêncio é para dar passagem a Deus. É dar luz verde para que Ele se faça presente. Este silêncio é a demonstração de nossa abertura. Abertos e acolhedores.

108

No silêncio, nós não somos os protagonistas. É Deus que deve sê-lo. Nós apenas celebramos a sua presença. E convém recordar que, "se não nos tornarmos como crianças...", não entraremos no silêncio. É preciso aprender delas a "não fazer nada". Absoluta dependência. Eu não posso fazer. Não sei fazer. Aprenda a calar, a não fazer.

109

O silêncio desemboca na presença do Senhor e a resposta virá sempre. Isto é como um artigo de fé no mundo do silêncio. Não precisa definir um prazo, porque a resposta chegará inesperadamente. Não depende de nós nem de nossas previsões.

110

Abrir-se ao eterno, cura num instante. O eterno sana o desamparo. Os medos e inseguranças são descongelados. O sol dissipa a névoa. A presença de Deus em nossos corações tudo dilui.

111

Acontece quando chove: aparecem milhares de montanhas. Tudo se faz nítido na terra. Tudo fica transparente. No silêncio, aparece outro horizonte. Tudo mudou. Tudo aparece novo a partir de dentro. Ao tornar-se familiar o silêncio, a vida muda.

112

Sem dúvida alguma encontraremos resistência ao silêncio, mas não devemos dar-lhe demasiada atenção, pois nossos inimigos se mostram valentes diante do nosso olhar. Não os enfrentando, eles se evaporarão pouco a pouco.

É uma fatalidade da pessoa representar um determinado papel na vida e não poder fazer outra coisa para sair deste roteiro estabelecido e imposto a partir do interior. Ela precisa dar prova de si mesma. Por outro lado, no silêncio não é preciso provar nem demonstrar nada. Tudo é liberdade.

114

O importante é não fugir do instante, do silêncio. Fugir dele é fugir de si mesmo. Impõe-se dar a partida, e romper com o ritmo costumeiro, para poder dar-se conta das coisas com toda clareza e lucidez.

115

Quando há um terremoto, damo-nos conta da firmeza da terra. Se não fosse assim, o que há de firme não se perceberia. O silêncio é dar-se conta, com clareza, do que há no momento e vivê-lo sem mais.

116

Para viver o silêncio sem nenhuma plateia é necessário retirar-se ao deserto; é preciso viver a aventura sem nada. É preciso afastar-se para encontrar-se consigo mesmo. A plateia alimenta nossa superficialidade.

O silêncio é deserto porque a revelação não se dá quando há uma plateia. Reconhece-se o susto que pode sobrevir nesta aventura, mas a pessoa se atreve a viver o silêncio com energia e, então, é puro prazer.

118

Pode ocorrer que se tenha a sensação de fuga e falta de solidariedade com tudo. É apenas uma sensação, porque o verdadeiro silêncio irmana e une. A falta de solidariedade ocorre na superfície, não dentro. No fundo do coração tudo se acolhe, se aceita, se harmoniza.

119

𝒪 silêncio não nos separa de nada. Toda separação chega a partir da superfície. Todas as separações têm sua origem no exterior: cultura, religiões, gostos, crenças, costumes...

120

Se no seu caminho você exclui alguém, é preciso considerar seus próprios passos, porque isto não o levará ao autêntico silêncio. Nele, tudo se encontra em comunhão. A partir do silêncio o indivíduo não se expulsa e não é expulso. Nunca seremos malrecebidos no silêncio.

121

𝒪 silêncio é o único lugar onde o homem está à vontade e se encontra. É o espaço onde ele se revela. Ele não tem outro espaço para descansar.

122

𝒪 caminho do silêncio não se percorre a partir da superfície. É um caminho que pede o que há de mais sadio em nosso coração, em nossa qualidade, o melhor do nosso ser, e se une a tudo isso.

123

O silêncio não gira em torno de objetivos. Não esperamos nada de nós e temos esse direito. Nós passamos a vida pedindo e esperando. Queremos ir ao silêncio com nossas ideias, com a condição de não sentir a dor do nosso vazio. Com a condição de não suportar a devastação do nosso coração. É bom não se agarrar a nada.

124

Nas horas de silêncio, eliminamos as toxinas que intoxicam nossa vida e recuperamos a saúde. Se procurarmos a ajuda de coisas externas, talvez cheguemos a nos entreter, mas não poderemos nos refazer, nos recuperar nem nos reconfortar. E tudo isto é necessário para recuperar nosso lugar. O coração conduz muito bem. É uma questão de nos deixar conduzir por ele.

Não se pode viver o silêncio sem ao menos suspeitar que há algo escondido em nós. A vida é algo mais do que aquilo que vemos nos acontecimentos exteriores.

126

As coisas mais escondidas esperam mais de nosso silêncio. O gesto de cheirar uma rosa é um gesto de fechar os olhos. Inspiramos. Como se fosse a única maneira de poder sentir seu aroma sutil. Há rosas tão suaves que seu aroma exige nosso gesto de atenção.

127

Deve-se ir ao silêncio com a confiança (uma característica que hoje não encontramos) de que algo está oculto dentro de mim. Mas a desconfiança, no conjunto da história humana, segue de mãos dadas com o viver do homem.

128

Diz-se, com desconfiança, que no silêncio há um perigo de intimismo, de evasão... Não perca a esperança. Não duvide. Somos chamados a romper as camadas da nossa sensibilidade ou emoção para que aconteça um encontro com Deus no silêncio.

129

A vida se torna realidade a cada instante. O que conta para a sociedade é o passado. E ele pesa tanto... Influi negativamente. O silêncio não é passado. Não tem tradição. É a oportunidade de viver sem roupagem nem impureza.

130

Uma palavra, quando encontra um corpo aberto, se propaga por ele. O silêncio cria uma ressonância na Palavra. Depois de fazer silêncio se escuta melhor. O silêncio é um vazio e nele se faz presente uma plenitude.

131

Busque a Palavra que habita no seu coração. Não a busque fora. De alguma maneira, ela já está dentro de você. Escute-a. O que a Palavra faz é despertar algo que já existe dentro de nós. Pelo silêncio se aprende a escutar sem antecipação.

132

É preciso deixar o peixe nadar; o pássaro voar; a Palavra soar. Vá aprendendo isto. Como é bom não influenciar em nada! Como na respiração. A Palavra é, toda ela, uma ação. A palavra que ressoa dentro de nós é uma presença cheia de dinamismo.

133

A Palavra nos procurará. Não a manipulemos. No silêncio ela pode nos encontrar. Uma palavra breve é melhor. Uma vez encontrada, não reflitamos sobre ela. Fazer isso é afastar-se dela.

134

A vida não flui por causa do ruído que experimentamos. Este afã nos divide como peças de um quebra-cabeça. O homem tem muitas peças, e o silêncio precisa chegar a tudo o que somos.

135

Não é fácil submeter a mente ao silêncio. É preciso entender que a razão não acredita. Nós não somos o que pensamos. As ideias maravilhosas não servem. Podemos ser egoístas e violentar. As ideias são somente ideias. Não são a profundeza do nosso ser. Observe como a razão nem sempre esteve a serviço da paz, do amor, da liberdade.

136

O homem tem outra parte que é a imaginação. É uma parte importante. A imaginação trabalha muito. Você se ilude. Às vezes faz horas extras. A imaginação não deixa de trabalhar. É preciso dar descanso. Devolver a imaginação ao silêncio. Para que depois possa ser mais criativa.

137

O mundo da nossa emoção é um mecanismo que precisamos deixar descansar. Num curto espaço de tempo se está desanimado, animado, furioso, feliz... As emoções se afogam. Precisamos restaurar a calma. Não excitá-las, acalmá-las. Não podem nos constranger ou cansar. Devolver o silêncio à emoção. É uma tarefa cheia de saúde.

138

Um mecanismo que existe dentro de nós é a vontade de desejar tudo. De possuir tudo. É bom impor um silêncio à nossa vontade. O desejo nos orienta para fora. Não devemos desejar nada. Não é preciso. Neste campo profundo tudo já está no homem. Todos os recursos estão dentro de nós. É preciso ter confiança.

139

O silêncio é bom para afastar de si mesmo os desejos. Se vivo desejando algo... me apoio em outra coisa. Surge a agitação. Os desejos nos isolam de nós mesmos. Silêncio em nossos desejos. Para não nos afastarmos do nosso coração.

140

Quando todos os mecanismos entram em sossego pode brotar a intuição. É uma luz rápida: ela se acende dentro de nós e nos ajuda a caminhar. Quando se vê algo a partir do interior, não é necessária ajuda nem resposta. Ninguém pode nos mudar se a luz se faz no interior. Ninguém pode nos dizer nada. Esta luz só funciona quando tudo se acalma. Nós não somos o que nos esforçamos para ser. Um silêncio para permitir-se ser. Permitir-se viver.

A intuição é filha do silêncio. A presença do Reino em nós é intuída a partir do silêncio. O silêncio no espaço para esta intuição, para esta revelação. Não é calar-se por calar-se. É calar-se para permitir que a vida se dilate, se expanda.

142

No silêncio pode ocorrer que as horas passem voando. Quando alguém presta atenção, a sensação é de que o tempo não passa. A lucidez do presente é como a eternidade. É uma vivência de eternidade. Mas outras vezes o silêncio torna você insustentável. O tempo não chega a transcorrer. Quando há irritação, as coisas se retardam. O estresse espiritual também existe e também causa danos.

Quando nos sentamos no silêncio em postura equilibrada e ereta, estamos indicando algo com este gesto de estar bem sentados. É como dizer: "Aconteça o que acontecer, daqui não me movo". O sim desemboca na comunhão com o todo. A oração de Jesus no jardim, narrada por Lucas, é como o nosso silêncio. Jesus se afasta por um momento e não faz outra coisa senão prostrar-se por terra. Não para rezar muitos salmos... Para aceitar.

144

Nosso silêncio, quando aceitamos e damos as boas-vindas a tudo (sem dissimular, ainda que entre soluços), também desemboca numa força que nos levanta e nos fortalece para enfrentar a vida.

145

No silêncio ninguém pode fugir: é, talvez, o espaço de maior realismo de nossa vida. Dê as boas-vindas a tudo. Somos capazes de tudo se o vivermos.

146

 Ainda que caiam sobre nós coisas desagradáveis, elas podem ser o adubo da nossa fertilidade. Nivelar-se por baixo, humildemente, é estar ao rés do chão para assumir aquela realidade não desejada. Um silêncio que é vazio para aceitar. Para não ter inimigos. Para não se sentir esmagado por nenhuma situação.

147

No silêncio não há data. É imprescindível contar com todo o tempo. Não ponha uma data para você amadurecer. O amor não tem data nem história. O amor é de sempre. Viva o silêncio com amor. Respeite os ritmos da vida.

148

*N*o silêncio nenhum momento é inútil. Nada é inútil. É imprescindível saber ser paciente. Esses meses em que a fruta está amadurecendo na árvore para encher-se de vida não são em vão. Ela amadurece e só então nos dá sua doçura. Sem pressa.

Um instante basta para recolher o silêncio das estrelas. Aprender a reconhecer esse momento único é viver em harmonia e sossego. É a arte de viver.

150

A tentação de não fazer é tremenda. Faço algo no silêncio? Queremos fazer algo. Por isso o silêncio é insuportável. Mas ele é uma maravilhosa atividade; não fazer é a plenitude do fazer.

151

Aquele que tem fome decide ficar em silêncio. Por trás do silêncio sempre há fome. Não de saberes, nem de doutrinas. O eterno não cabe em doutrinas. Ao eterno basta ser. A doutrina é superficial. É o que busca envolver. Mas não se envolve a Deus. Não há interpretação do eterno.

152

Quando estamos empanturrados, não buscamos. Há uma enfermidade: a satisfação. Temos lautos banquetes de emoções, dogmas, doutrinas, programas, exercícios... Mas isso não é suficiente para encontrar a Deus. Por isso o silêncio nos chama.

153

Podemos padecer três dores tremendas: a dor do absurdo, a dor do isolamento e a dor da morte. Para estas dores podemos encontrar resposta no silêncio. Quanto mais silêncio, menos equívocos. Há uma tarefa a cumprir na vida e deve-se fazê-la bem. O importante é você não se confundir com esta função. Não buscar o êxito. Este é apenas um reconhecimento a partir do exterior. A recompensa vem do interior.

154

Nós sempre gostamos de ouvir expressões como: "Eu quero que você se sinta como se estivesse em casa". O mesmo nos diz Deus no silêncio: "Sinta a paz na sua casa. Sinta-se bem na sua casa. As portas estão abertas para você". A chave da minha casa, do meu coração, é o silêncio. O encanto do silêncio é que ele nos torna vazios, nos torna habitáveis. Vazios para viver, para compartilhar...

O segredo da arte do oleiro é que ela dá um centro de gravidade a tudo o que ele faz e, a partir de seu centro, nos presenteia com graciosidade e beleza. E a partir daí o vaso mantém-se em harmonia. Tudo tem seu eixo. Um eixo deslocado levaria à queda. Tudo no cosmos é harmonia, equilíbrio.

156

A maior urgência humana é a de sentir-se amado. Na infância, o indivíduo precisa ser amado para crescer e ser capaz de amar quando adulto. É um fato altamente verificado: é necessário envolver de afeto a criança para despertar o amor que ela carrega em si. O amor foi derramado para que nasça a vida. Nada deve ser excluído do amor. Porque ele é a festa e o calor da vida. E o amor não flui porque o outro seja bom. O amor ama porque não pode fazer outra coisa senão fluir. O amor não está no sujeito, mas no objeto. A água flui pelo gosto de fluir. O amor que desperta no homem ama pelo gosto de amar. O amor tem que jorrar de nós como a água de um manancial. Não fazê-lo é sinal de que há uma obstrução em nós.

157

Por trás das minhas lágrimas está o amanhecer. A noite sempre é espaço para o sol brilhar. A noite também é fértil. Todas as perguntas da noite no-las responde o amanhecer. As horas dolorosas são um dos ritmos do viver. A noite não é eterna. Nunca faltou o amanhecer. As horas de dúvida passam. É preciso esperar a luz.

158

𝒪 silêncio é um intervalo para descansar um pouco. A atividade nos cansa tanto que nos dispersa de nós mesmos. Afasta-nos de nosso coração. Torna-nos estranhos a nós mesmos. A atividade que exercemos é demasiada e nos distorce até ao ponto de romper-nos. Por isso, a atividade do silêncio não é um dever a mais. É uma liberdade.

159

Costuma acontecer que no silêncio se fazem presentes situações, relações, pessoas, objetivos... que não foram vividos nem assumidos. Temos a impressão de que nos esperavam no silêncio, para encontrar-se conosco. São episódios que se mantinham ocultos porque doem. Acreditávamos que já estavam esquecidos e nos damos conta de que saem à luz com mais força ainda. Torna-se presente um passado que nos pede contas e que deseja que lhe demos um nome, que o enfrentemos e que o concluamos para que possa ser diluído em nosso coração.

160

O amor que está em todo ser humano precisa ser despertado. E para que esse amor cresça tem que ser agasalhado, acalentado... Na infância, o ser humano necessita de amor. Ao crescer, compartilhe esta água para que outros possam saciar sua sede. É preciso ter a alegria de amar. É a alegria da água quando jorra sem cessar. No alto-mar da história de você, ame. Não espere que amem você. A luz deleita-se iluminando. O amor foi derramado em mim para que eu o derrame sobre os outros.

Conecte-se conosco:

- **f** facebook.com/editoravozes
- **◉** @editoravozes
- **🐦** @editora_vozes
- **▶** youtube.com/editoravozes
- **🟢** +55 24 2233-9033

---

www.vozes.com.br

Conheça nossas lojas:
www.livrariavozes.com.br

Belo Horizonte – Brasília – Campinas – Cuiabá – Curitiba
Fortaleza – Juiz de Fora – Petrópolis – Recife – São Paulo

  Vozes de Bolso

EDITORA VOZES LTDA.
Rua Frei Luís, 100 – Centro – Cep 25689-900 – Petrópolis, RJ
Tel.: (24) 2233-9000 – E-mail: vendas@vozes.com.br